AF329223

CAMPINIACUS ET CAMPANIACUS.

I.

Ces deux noms désignent-ils une seule et même localité, ou la différence existant entre les voyelles de leur seconde syllabe constitue-t-elle une distinction positive et absolue? Tel fut, dans la seconde moitié du XIe siècle, l'objet d'un long procès entre deux abbayes bénédictines de la ville d'Angers, Saint-Aubin et Saint-Serge.

Si dans leurs débats il ne s'agissait que d'une question de topographie angevine, la décision devrait être simplement renvoyée aux érudits de cette province; mais les détails contenus dans les deux chartes-notices relatives à cette discussion présentent, sur les procédures employées au moyen âge pour mettre fin aux procès qui éclataient fréquemment entre les abbayes, un intérêt si incontestable, qu'il serait injuste de réduire ces documents à la publicité de la commission archéologique du pays dans lequel sont situés les monastères rivaux ainsi que l'église et la terre qu'ils se disputent.

Ces deux chartes sont conservées dans un magnifique et volumineux cartulaire, acquis en 1851 pour la bibliothèque d'Angers, à raison de 945 francs, lors de la vente du cabinet de M. Toussaint Grille. Elles y ont été copiées (1), ainsi que les autres titres de Saint-Aubin, à une date peu postérieure aux faits qu'elles relatent ; et non seulement leur texte est complet et correct, mais encore le récit des moines qui les ont rédigées rend inutiles de longues observations préliminaires.

Il suffira de prévenir que l'abbaye de Saint-Aubin possède, depuis environ l'an mil, un domaine appelé alors *Campiniacus*, et aujourd'hui Champigné-sur-Sarthe (2). Un jour, en compulsant les titres de son monastère, l'armoirier, c'est-à-dire l'archiviste de Saint-Serge, découvre deux diplômes ou ordonnances du roi Robert. Le

---

(1) Cartulaire de Saint-Aubin d'Angers, chapitre 12, chartes 22 et 23.
(2) Maine-et-Loire, arr. de Segré.

1857

fils de Hugues Capet y confirmait au couvent diverses églises et terres données par l'évêque d'Angers Rainaud, deuxième de ce nom, lorsqu'il y rétablit la discipline ecclésiastique, au commencement du XI° siècle.

Parmi ces terres, il en est une que le premier diplôme appelle *Campaniacus* et le second *Campiniacus*. Saint-Serge possédait une petite obédience, qui était le véritable *Campaniacus*. Toutefois, l'abbé et ses religieux oublient, ou feignent d'oublier, l'ancienne dénomination d'une de leurs églises les plus pauvres, et ils jettent un œil d'envie sur le riche prieuré du monastère voisin (¹).

Campiniacus, disent-ils, leur a été enlevé pendant les troubles et les désordres dont l'Anjou a été le théâtre, sous les premiers monarques de la dynastie capétienne. Saint-Aubin l'a reçu des mains d'un usurpateur, et il doit le destituer sur la simple présentation des diplômes du roi Robert ; mais Saint-Aubin accueille fort mal cette demande. Celui qui lui a donné la terre et l'église, est un cousin du souverain de la province : c'est Alberic de Vihiers, auquel elles avaient été conférées, à titre de fief, par Foulques Nerra lui-même (²). Le fait est attesté et confirmé par des titres nombreux ; enfin, la possession de ce *Capiniacus* remonte à une époque reculée et n'a jamais été contestée.

Un procès s'engage donc. Après les promesses faites par les mandataires des deux abbayes, et la sentence des cinq abbés à laquelle ils s'étaient soumis d'avance, de nouvelles poursuites devaient être, sinon impossibles, du moins inutiles. La protestation d'un des religieux qui assistaient l'abbé de Saint-Serge, remit tout en question. Pour ce moine, dit en terminant notre première charte, le bien de son cou-

---

(1) *Invidie stimulis-accensi,* dit la première charte dans laquelle il est parlé du procès intenté par les moines de Saint-Serge au sujet du bourg d'Aimery-le-Riche, mentionné ci-après.

(2) Gaufridus [Grisea Gunnella, Andegavensis] comes, filius Fulconis comitis, cognomento Rufi,... adducens secum de pago Parisiacensi quendam Albericum, consanguineum suum, dedit illi omnem terram de Vieriis... Defuncto supradicto comite, filius ejus Fulco [Nerra] comes, dedit supradicto Alberico curtem Campigniaci, inter Sartam et Meduanam, quam antea, annis plurimis, Albericus-Aurelianensis obtinuerat, accipiens pro illa scanbium in Francia. Hanc curtem... supradictus Albericus de Vieriis,... in decessu tandem suo, Deo et sancto Albino et ejus monachis, ita liberam et quietam sicuti ipse habuerat, donavit. *Cartul. de S. Aubin, chap. 12, charte 1ʳᵉ.*

vent n'était qu'un prétexte : par ce moyen, il espérait faire le voyage de Rome. Il y alla en effet, et il y plaida si bien sa cause, qu'après la mort de plusieurs des abbés qui avaient prononcé la sentence, et celle de l'évêque d'Angers, qui s'y était montré favorable, des instructions très-formelles, et même peu bienveillantes envers Saint-Aubin, furent transmises par le souverain pontife au primat des Gaules, pour la révision du jugement.

La seconde charte fait connaître l'issue des nouveaux débats, après avoir rapporté sommairement ceux de l'année 1074, à Saumur. Le principal résultat du nouvel arrêt, rendu à Angers vers 1085, fut, pour l'abbaye appelante, la concession d'une partie des reliques de ses patrons, Saint-Serge et Saint-Bach, dont les moines de Saint-Aubin étaient propriétaires.

Il ne reste plus maintenant qu'à faire connaître les deux chartes. Comme tous les documents de cette époque, elle sont écrites en latin du moyen-âge, et seraient difficiles à comprendre pour les personnes qui n'ont pas fait de la paléographie une étude spéciale. Nous allons donc les traduire littéralement (1), ainsi que les sommaires ou rubriques placées dans le cartulaire, en tête de chacune d'elles ; mais il est indispensable de conserver les deux noms latins que nous avons pris pour titre de cette notice, parce que leur traduction rendrait inintelligible la partie la plus curieuse du premier jugement.

On n'oubliera que ces chartes ont été rédigées dans l'abbaye de Saint-Aubin.

II.

CHARTE CONCERNANT LE PLAID TENU A SAUMUR, ENTRE NOUS ET LES MOINES DE SAINT-SERGE, AU SUJET DU PROCÈS DE CAMPANIACUS, LEQUEL Y FUT ENTIÈREMENT TERMINÉ PAR L'EXAMEN JUSTE ET CANONIQUE DE PERSONNES COMPÉTENTES.

Parce que nos actes sont promptement livrés à l'oubli, à moins que, par un écrit quelconque, ils soient rappelés à la mémoire (2),

---

(1) Les principaux passages du texte original sont imprimés en note.

(2) Quoniam actus nostri cito oblivioni traduntur, nisi scripto quolibet ad memoriam revocentur, placuit nobis quandam causam… scripturæ commendare.

il nous a plu de confier à l'écriture le récit d'un procès survenu entre les moines de Saint-Aubin et ceux de Saint-Serge, afin qu'il puisse ainsi arriver à la connaissance de la postérité.

Donc, l'abbé de Saint-Serge, nommé Detbert, et ses religieux disputaient à ceux de Saint-Aubin la cour, ou terre, et l'église de *Campiniacus.* Pour mettre fin à ce débat, Otbranne, abbé de Saint-Aubin, et toute sa congrégation dirent qu'ils se soumettraient volontiers au jugement des abbés de la province de Touraine et d'Anjou. Ces paroles ayant été très-agréables aux moines de Saint-Serge, par la volonté et le consentement des deux parties, les susdits abbés et moines se réunirent à Saumur, dans le monastère de Saint-Florent.

Les abbés qui devaient entendre la cause de leurs confrères, étaient au nombre de cinq, et voici leurs noms : dom Guillaume abbé de Saint-Florent, dom Barthelemy de Marmoutier, dom Haimon de Saint-Nicolas d'Angers, dom Evan de Saint-Melaine de Rennes, et dom Gombert de Maubec (1). Tous se présentèrent pour entendre avec attention le procès de leurs co-abbés, et le terminer conformément à la discipline ecclésiastique. Chacun d'eux avait même amené de son monastère des religieux instruits, ceux qu'ils avaient trouvés les plus sages et les plus capables pour l'examen du procès.

Tous siégeant donc ensemble, ils demandent aux deux abbés et à leurs moines qui étaient en cause, s'ils veulent de part et d'autre s'en rapporter au jugement que l'assemblée entière prononcera d'un commun accord. A cette question, suivant l'ordre dans lequel elle est faite, chacun répond : « Sachez que nous sommes prêts et à suivre et « à maintenir la sentence que vous prononcerez. Nous vous le « garantissons, parce que nous sommes venus dans ce but (2). »

. Cette assurance donnée de part et d'autre, l'abbé et les moines de Saint-Serge sont invités à exposer leur demande. « Nous réclamons « aux religieux de Saint-Aubin, dirent-ils, l'église et la terre nom-« mées *Campiniacus,* qui doivent appartenir à notre monastère ; et « aussi plusieurs autres objets de moindre valeur, à l'égard desquels

----

(1) Diocèse de Bourges. Ce monastère était soumis à la règle de saint Benoît, comme ceux dont les abbés sont nommés plus haut.

(2) Sciatis nos paratos esse et sequi et tenere sententiam judicii vestri. Hoc vobis spondemus, quia ob hoc venimus.

« le préjudice que nous éprouvons est beaucoup moins considérable,
« mais plus récent et plus manifeste (¹). » Et comme les moines
de Saint-Serge voulaient plaider d'abord sur les demandes les moins
importantes, puis sur *Campiniacus*, le tribunal se prononça contre
cette prétention de discuter en dernier lieu l'affaire pour laquelle
les abbés avaient été convoqués et s'étaient rassemblés. On accorda
cependant aux moines d'exposer celle de leurs autres demandes par
laquelle ils préféreraient commencer ; après quoi on passerait de
suite à la discussion du procès de *Campiniacus*.

La cause de moindre importance, choisie par eux, ayant donc été
terminée, les juges leur parlèrent ainsi : « A quel titre prétendez-
« vous que *Campiniacus* doit appartenir à votre monastère ? Par
« témoins et par investiture, ou par charte ? » — « Par charte, disent
« les moines de Saint-Serge. » — « Présentez-la donc, répondent
« les juges, afin que nous l'examinions (²). » Alors les moines
produisent deux chartes.

Cette production faite, au nom de tout le couvent, les juges se
lèvent et se retirent dans une autre salle, pour y examiner, entre eux
et avec le plus grand soin, les titres qu'i's avaient reçus de la main
des moines. Ils emmènent avec eux Ra naud, maître-école de la cité
d'Angers, lequel était aussi archidiacre de la cathédrale, et Robert,
doyen de la même église, hommes d'une grande expérience en
matière de droit. Eusèbe Brunon, évêque d'Angers, avait fait choix
de ces deux personnages pour le remplacer au susdit procès, afin
qu'après avoir vu de quel côté était le bon droit, ils rendissent témoignage en faveur de la vérité, et fissent ainsi disparaître tous les
ferments de discorde existant sur ce point entre les moines.

L'écrit présenté par Saint-Serge était une ordonnance du roi
Robert, d'une antiquité peu reculée et contenant ce qui suit (³) :

---

(1) Calumpniamur Sancti Albini monachis ecclesiam et curtem quæ voca-
tur Campiniacus, quæ debet esse juris monasterii nostri. Requirimus ab eis et
alias reiculas, dampnum quorum multo minus est, sed recentius et manifes-
tius.

(2) Qua ratione clamatis Campiniacum ad jus monasterii vestri pertinere ?
Testibus ac investitura, an carta ? — Per cartam, inquiunt. — Tum illi : Proferte
illam nobis, ut inspiciamus.

(3) Ce passage, cité de mémoire par le rédacteur, reproduit plutôt le sens de
la charte de l'évêque Rainaud que de l'ordonnance du roi Robert. La première

« Rainaud, évêque d'Angers, a réorganisé, suivant la règle de
« l'ordre monastique, l'abbaye de Saint-Serge, laquelle lui appar-
« tenait en vertu de ses droits épiscopaux ; mais, en ce temps, à
« cause d'une destruction déjà ancienne, elle était déchue au point
« d'avoir, pour tous habitants, quelques clercs et beaucoup de
« pauvres. » Entre autres biens qu'on lisait dans cette ordonnance
avoir été assignés à Saint-Serge, *Campiniacus* était nommé en ces
termes : « La terre de *Campiniacus* avec ses dépendances. »

L'ordonnance lue, relue et soigneusement examinée, les juges
revinrent dans la salle d'audience, et ils parlèrent ainsi aux moines
qui la leur avaient remise.

« Vous nous avez montré deux chartes, l'une nouvelle (¹), l'autre
« ancienne : l'ancienne, afin que l'on ajoute foi à la nouvelle ; mais
« il paraît y avoir ici une grande ambiguïté. Dans la plus ancienne,
« en effet, on trouve le nom d'un de vos prieurés, c'est-à-dire
« *Campaniacus*, que vous possédez (²) ; mais dans la nouvelle il
« est nommé *Campiniacus*, par le changement d'une seule lettre,
« savoir *i* au lieu de *a* (³). Donc, puisque nous voyons *Campaniacus*

---

est imprimée presque entièrement dans les *Annales Bénédictines,* vol. 4, p. 411.
Pour le texte complet, voir à la Bibl. imp. les Mss. de Dom Housseau, vol. 2,
n° 412 *bis.*

(1) Elle est imprimée dans le Recueil des Historiens de France, de Dom
Bouquet, vol. 10, p. 583, et copiée dans la collection de Dom Housseau, n° 348.
L'ancienne s'y trouve aussi, sous le n° 351, et paraît inédite.

(2) Dans le Pouillé de Saint-Serge on ne trouve aucune dépendance portant le
nom de Champagne ou Champagné. Il s'agit peut-être du prieuré de Notre-Dame-
des-Champs, *Sancta Maria de Campis,* situé près de la Flèche, dans le comté
d'Anjou et l'évêché d'Angers. Cinq chartes qui le concernaient et étaient tran-
scrites, sous les n°ˢ 316 à 320, dans le premier cartulaire de Saint-Serge, ne sont
pas parvenues jusqu'à nous ; ce précieux volume, objet de longues et inutiles
recherches, a été détruit, et probablement brûlé à Angers, devant le Temple de
la Raison (la Cathédrale), avec les vingt poches pleines de *titres féodaux* de
différentes maisons et communautés religieuses, et les 100 volumes de leurs
Privilèges, Cartulaires et *Conclusions,* qui forment les deux derniers articles
du procès-verbal de brûlement dressé le 10 frimaire an II, par Leduc, archiviste
du district d'Angers.

(3) Duas nobis cartas ostendistis : unam novam, alteram vetustam ; vetustam
ad hoc ut per eam novæ credatur, sed apparet ibi grandis ambiguitas. In priore
enim et antiquiore carta habetur nomen cujusdam obedientiæ vestræ, id est
Campaniacus, quam vos habetis ; in nova vero nominatur *Campiniacus,* una

« dans l'ancienne charte et *Campiniacus* dans la nouvelle, nous
« sommes forcés de croire que l'écrivain de cette dernière a com-
« mis une erreur, soit avec intention, soit par ignorance.

« Voici encore une autre difficulté. Tous les biens que la charte
« porte vous avoir été donnés, proviennent ou du patrimoine de
« l'évêque Rainaud, ou du fonds assigné pour la nourriture des
« évêques et des chanoines. Or, l'évêque Rainaud, restaurateur de
« votre monastère, n'a pu vous donner ce qui ne lui appartenait
« pas. La terre de *Campiniacus*, dans son entier, est un domaine
« des comtes d'Anjou ; c'est d'eux que la plus grande partie de cette
« terre et la moitié de l'église ont toujours été et sont encore tenues
« par plusieurs chevaliers. De ce nombre était Albéric de Vihiers,
« lequel, pour le salut de son âme, donna à Saint-Aubin et à ses
« moines tout ce qu'il possédait dans ladite terre. Maître Rainaud
« atteste aussi que jamais *Campiniacus* n'a fait partie du domaine
« épiscopal, et il connaît parfaitement tout ce qui se rapporte à
« l'évêché d'Angers.

« En outre, votre charte ne nomme pas l'église qui est le chef-lieu
« de cette terre, et elle ne mentionne pas distinctement et évidem-
« ment ce que vous y avez reçu, comme elle le fait pour vos autres
« biens, distinctement et évidemment énumérés et spécifiés. Elle
« s'exprime ainsi : « *Campiniacus* avec ses dépendances. » Par
« ces termes si nous entendons toute la terre, l'explication sera

---

ibi littera permutata, hoc est *i* pro *a*. — Igitur cum in antiqua carta videamus
Campaniacum, et in nova *Campiniacum*, credere compellimur in nova carta
fuisse erratum, ex industria aut per scriptoris ignorantiam.

Et est aliud. Omnia quæ carta vestra narrat vobis attributa aut ex patrimonio
Raginaldi episcopi sunt, aut ex victualibus episcoporum et clericorum; nec Raginaldus episcopus, qui locum vestrum instaurasse dicitur, potuit vobis dare
quod suum non erat. Curtis autem Campiniaci tota pertinet ad jus comitum
Andecavensium; et a comitibus maximam partem curtis ipsius et medietatem
æcclesiæ quidam milites semper tenuerunt et tenent, de quorum numero fuit
Albericus de Vieriis, qui omnia quæ habebat in predicta curte, pro anima sua,
dedit Sancto Albino, et ejus monachis. Testatur hoc magister Raginaldus [gra-
maticus Andecavæ civitatis], quia nunquam fuit Campiniacus de jure episcopali,
sicut ille quem nulla res latet quæ ad episcopium Andecavense pertineat.

Nec nominat carta vestra æcclesiam quæ est capud totius curtis, nec loquitur
distincte et aperte quid ibi habuistis, sicut cæteras res vestras distincte et aperte
partitur et dividit. Loquitur ita carta vestra : *Villa Campiniacus cum appen-
diciis suis*. Si in his verbis intellexerimus totam villam, falsum hoc erit, quia in

« fausse, puisque, pour les portions possédées par des chevaliers et
« par d'autres personnes, jamais vous n'avez élevé et vous n'élevez
« encore aujourd'hui aucune prétention. Il est manifeste que, des
« démembrements de cette terre, plusieurs d'entre eux ont formé
« des fiefs considérables, dont ils jouissent sans être troublés par
« qui que ce soit, ni par les évêques, ni par les moines, ni par les
« clercs.

« Enfin, et pour conclure en peu de mots, nous déclarons le fait
« qui suit capable à lui seul de décider le présent procès : Nous
« voyons les moines de Saint-Aubin prêts à prouver, conformément
« aux prescriptions canoniques, qu'ils ont possédé pendant trente
« années l'église de *Campiniacus* et une partie de la terre dudit lieu
« paisiblement, et sans aucune opposition de votre part.

« Par tous les motifs ci-dessus énumérés, nous jugeons, très-
« chers frères de Saint-Serge, que vous devez, à perpétuité, vous
« départir de cette prétention, et abandonner, sans y mettre aucun
« obstacle, la possession de *Campiniacus* à Saint-Aubin et à ses
« religieux. »

Alors l'abbé Delbert et quelques-uns des religieux de Saint-Serge
s'inclinent avec respect, pour reconnaître qu'ils acceptent le jugement
et s'y soumettront (1). Ceux-ci n'avaient pas oublié leur promesse ;
mais il n'en fut pas ainsi du moine Moyse. Seul il protesta contre la
sentence, parce qu'il voulait avoir ce prétexte pour aller à Rome,
comme il le fit plus tard.

----

illas partes quas milites et cæteri homines habent nunquam calumpniam misistis,
nec adhuc mittitis; et planum est quod multi homines de possessionibus illius
curtis magnum casamentum habent, sine calumpnia quorumlibet hominum,
sive episcoporum, sive monachorum, sive clericorum.

Postremo, ut ad finem breviter veniamus, hoc solum judicamus sufficere ad
depositionem presentis querelæ : videmus monachos Sancti Albini se offerentes
ad probandum, secundum instituta canonum, quod medietatem ecclesiæ Campiniaci et nonnullam partem curtis quiete et sine calumpnia vestra tenuerunt
triginta annis. Propter universa hæc quæ modo dicta sunt, judicamus, dilec-
tissimi fratres, vos debere ab ista calumpnia in perpetuum cessare, et posses-
sionem sua Sancto Albino et suis, absque contradictione, dimittere.

(1) Tunc domno Delberto abbate et quibusdam monachis suis, ad recognos-
cendum et sequendum judicium, inflexis, memores enim erant sponsionis quam
fecerant, solus Moyses restitit quia per hoc volebat ire Romam, sicut postea fecit.

Tel fut le plaid tenu à Saumur, dans le monastère de Saint-Florent, sous le témoignage et par le jugement d'hommes d'une autorité très-éminente, et unanimes dans leur opinion, tant les abbés et les moines que les laïques et les clercs, l'an de l'incarnation du Seigneur 1074, le 15 des calendes de novembre (18 octobre).

III.

CHARTE RELATIVE AU PROCÈS TRÈS-LONGTEMPS AGITÉ ENTRE NOUS ET LES MOINES DE SAINT-SERGE, AU SUJET DE DIVERSES QUERELLES, ET A LA RÉCONCILIATION EFFECTUÉE ENFIN SUR TOUS CES DÉBATS ENTRE LES DEUX MONASTÈRES.

Sous Eusèbe, évêque d'Angers, une violente discorde éclata entre les moines de Saint-Aubin et ceux de Saint-Serge, pour diverses choses que ce dernier monastère affirmait lui appartenir et disait être injustement possédées par l'abbaye de Saint-Aubin. Un semblable état paraissait un mal abominable et intolérable aux moines et à tous les hommes religieux; aussi, par l'ordre de l'évêque, et avec l'assentiment des deux congrégations, fut-il arrêté qu'elles enverraient leurs mandataires dans le chapitre de Saint-Florent de Saumur, afin que, soit par transaction, soit par le jugement de personnages d'une grande autorité, on y étouffât complétement cette discorde déjà trop ancienne. Des hommes habiles et sages y furent donc envoyés par l'évêque; savoir : Robert, doyen, et Rainaud, maître-école de Saint-Maurice, avec lesquels s'assemblèrent des abbés de sainte mémoire : Barthelemy de Marmoutier, Guillaume de Saint-Florent, Haimon de Saint-Nicolas, Evan de Saint-Melaine et Gombert de Maubec. Après avoir entendu les plaidoyers des moines dissidents, ils se réunirent tous pour discuter le procès de *Campiniacus*, objet principal et capital de la discorde. L'examen le plus attentif ne put les amener à reconnaître aucun droit à la demande des moines de Saint-Serge ; et, par le jugement et l'autorité de personnages si éminents, il devint manifeste pour tous que la réclamation de cette dernière abbaye avait été justement repoussée.

Mais lorsque les religieux de Saint-Serge furent revenus à

Angers (¹), ils recouvrèrent peu à peu les forces que leur avait fait perdre cet arrêt, et ravivèrent de plus en plus leurs prétentions, jusqu'au moment où (l'archevêque de Lyon) Hugues, homme d'une vertu admirable, et primat de toute la Gaule, arriva à Saumur.

Les affaires qui l'avaient amené dans cette ville étant terminées, le prélat, auprès duquel se trouvait Girard, abbé de Saint-Aubin, lui parla en ces termes : « Mon frère, l'abbé de Saint-Serge se « plaint grandement de toi et de tes moines ; empresse-toi donc de « lui rendre justice, parce que, si tu méprises sa plainte, tu me « forceras à mettre la main sur toi (²). »

Que dire de plus ? Au terme fixé, les religieux des deux monastères se réunissent dans le chapitre de Saint-Maurice d'Angers, et ils y plaident de nouveau devant un public innombrable. Il me serait difficile d'écrire ici les noms de tous les juges, et je me bornerai à citer ceux qui paraissent avoir eu le plus d'autorité. Le premier fut donc, et par la dignité du rang et par l'élévation de son titre, Raoul, archevêque de Tours. Ensuite, venait Baudry, abbé de Bourgueil, puis Ranger et Hilgode, moines de Marmoutier, le premier qui avait été archevêque en Apulie, et le second évêque en Gaule. Après eux, Geoffroy trésorier, Hubert doyen, Marbode, Guillaume et Garnier archidiacres, Geoffroy, Martin et presque tout le clergé de Saint-Maurice ; enfin Giraud, prévôt du comte d'Anjou, Rainaud Burgevin, Raoul Porpensé, Geoffroy Bourguignon, Telbert de Sainte-Marie, plus une grande partie de la population angevine.

Tous ces personnages amenèrent les moines à la transaction suivante :

Les religieux de Saint-Aubin, qui possédaient des reliques des bienheureux martyrs Serge et Bach, en donnèrent une portion à Saint-Serge (³), plus deux arpents de vignes, une chape et un manuscrit contenant les évangiles. De leur côté, les moines de cette

---

(1) Sed postquam Andegavem sunt reversi, paulatim resumptis viribus, magis ac magis succrescere cepit...

(2) Frater, abbas Sancti Sergii de te et de monachis tuis magnum clamorem facit ; vide ergo ut rectum ei facias, quia si contempseris coges me mittere manum in te.

(3) Monachi Sancti Albini dederunt monachis Sancti Sergii reliquias beatorum martyrum Sergii et Bacchi, quia inde habebant, et duos arpennos et unam cappam et unum textum.

dernière abbaye renoncèrent à toutes les prétentions qu'ils avaient élevées contre Saint-Aubin ; savoir : *Campiniacus*, l'empiétement sur leur paroisse de Durtal, le bourg d'Aimery-le-Riche (¹), le forfait commis par des familiers du monastère, qui avaient tenté nuitamment d'enlever un mort du cimetière de Saint-Serge, plus d'autres réclamations très-minimes et sans aucune consistance.

Lorsque ces choses se passaient, la fête des bienheureux martyrs Serge et Bach était peu éloignée. Le jour même de leur nativité, les moines de Saint-Aubin, revêtus d'aubes, apportèrent leurs reliques ; et ceux de Saint-Serge sortirent au-devant d'eux, ornés comme l'exigeait le cérémonial de cette solennité, au milieu d'une foule immense qui entourait les religieux des deux monastères.

Voilà comment fut faite, entre les couvents de Saint-Aubin et de Saint-Serge, une réconciliation qui, avec l'aide de Dieu, sera de part et d'autre éternellement maintenue.

IV.

Cette réconciliation fut en effet maintenue pour *Campiniacus ;* du moins il y a lieu de le croire, puisqu'on ne trouve, dans les nombreux titres de Champigné que possèdent les archives de Maine-et-Loire, aucune trace de nouveaux débats. Toutefois, la paix ne fut pas de longue durée entre les deux abbayes. Comme voisines et surtout animées chacune du désir d'augmenter la richesse de leur maison (²), il était difficile qu'elles vécussent en bonne intelligence. En outre, les moines de Saint-Serge se faisaient alors remarquer par leur esprit processif et querelleur, même par leur violence envers les autres abbayes d'Angers, notamment à l'égard des religieuses bénédictines du Ronceray (³). On en trouve la preuve dans un

---

(1) Sauf pour le bourg d'Aimery-le-Riche, nous n'avons trouvé aucun document sur les autres contestations relatées ici.

(2) Habitantes inter viros fortes et sapientes clericos et monachos, inter quos et aliqui sunt minus spirituales, qui magno merito et laudi volunt ascribere terminos suos dilatare, sub nomine sanctorum quibus serviunt. *Cartulaire du Ronceray d'Angers, rôle 5, ch. 97.*

(3) (Monachi Sancti Sergii) moverunt seditionem, et non tantum actum est et minis, sed etiam pugnis et fustibus, ipsis quoque candelabris aliquid indigne gestum est erga moniales et suos... Qui se ipsas suosque famulos inhoneste ceciderant et velamina capitum diruperant. *Ibidem.*

grand nombre de documents, qui donnent du moyen-âge une opinion beaucoup moins favorable, mais bien plus exacte que celle résultant des formes patriarcales et vraiment judiciaires constatées par notre première charte.

En fait d'arguments de droit, et pour prouver la bonté de leur cause, non-seulement contre les laïques, mais entre eux (1), les moines recouraient souvent aux coups de bâton. A la vérité, ils n'entraient pas eux-mêmes dans la lice. Chaque abbaye choisissait un champien parmi ses serviteurs, et la bataille se livrait en public, après divers préliminaires et même des pratiques religieuses (2). Il y avait cependant dès lors des hommes éclairés et pieux qu'affligeait ce barbare spectacle. Avant qu'un des combattants fût assommé, ils s'interposaient parfois, et faisaient triompher la charité et la raison. Dans le procès du bourg d'Aimery-le-Riche, dont il est parlé plus haut, et en l'année 1084, des hommes auxquels une autre charte du cartulaire de Saint-Aubin (3) donne le titre de Sages, avaient remis la décision judiciaire au duel entre des serviteurs de l'un et de l'autre couvent. La victoire devait tenir lieu d'arrêt rendu en dernier ressort. Cette décision fut acceptée avec empressement par les deux monastères. Au jour fixé, les champions entrent donc dans l'arène; et déjà les coups de bâton retentissaient sur les boucliers dont chacun cherchait à couvrir son corps, lorsque des personnes prudentes parvinrent à terminer cette lutte par une transaction.

Le même fait est rapporté en ces termes dans une pancarte originale que possèdent les archives de Maine-et-Loire (4):

« Il s'éleva entre Saint-Aubin et Saint-Serge une altercation si

---

(1) V. Bibliothèque de l'École des chartes, 1e série, vol. 1, p. 552.

(2) V. Glossaire de Ducange, au mot *Duellum*.

(3) Chapitre 5, charte 27 : « Illis altercantibus, a viris sapientibus judicatum est duello famulorum utriusque monasterii decernendum, quibus victoria donata supernum judicium concederet. Placuit omnibus judicium. Die ergo juxta judicium constituta, duobus adhibitis famulis armatisque, et jam supra scuta ictus sibi invicem jacientibus, discreti viri intervenere, qui utrosque ad concordiam omnimodam reduxere. »

(4) Chartrier de Saint-Aubin, *Molière, vol. 1, fol. 1* : « Tanta altercatio inter eos fuit quod finiri non potuit nisi per duellum famulorum utriusque monasterii. Dum ergo viri eorum invicem pugnarent, essetque bellum nimis obstinatum et pessimum, episcopus ipse et alii boni viri utriusque ordinis intervenere, qui abbates et monachos ad concordiam inflexerunt. »

violente, que, pour y mettre un terme, il fallut recourir au duel entre des serviteurs des deux monastères. Mais lorsque la bataille eut été commencée, et au moment où les champions se frappaient avec le plus d'acharnement et de cruauté, l'évêque d'Angers (Geoffroi de Tours) et d'autres gens de biens, tant clercs que laïques, réussirent à rétablir la concorde entre les abbés et les moines qui avaient organisé le combat et l'animaient de leur présence. »

Et cependant, vingt années plus tôt, c'est-à-dire en 1064, dans un procès à propos du moulin de Varenne, sur la rivière de Mayenne, ces religieux de Saint-Serge et de Saint-Aubin avaient eux-mêmes fait cesser le duel dès les premiers coups de bâton, afin, disaient-ils avec des sentiments trop tôt oubliés (¹), d'empêcher les moines, qui doivent donner l'exemple de la concorde et de la paix, de devenir une cause de perdition.

P. MARCHEGAY.

(¹) Ut monachi, qui aliis exemplum ostendere deberent concordiæ et pacis, fierent causa perditionis. *Charte de Saint-Serge*, V. Bibl. Imp., Mss. Brienne, vol. 272, fol. 93.

Nantes, Imprimerie Aⁿᵈ GUÉRAUD et Cⁱᵉ, rue Basse-du-Château, 6.

1857

www.ingramcontent.com/pod-product-compliance
Lightning Source LLC
LaVergne TN
LVHW010242030726
842520LV00007B/2703